LA RÉORGANISATION

ADMINISTRATIVE

DE L'ALGÉRIE

PAR

FLEURY-RAVARIN

DÉPUTÉ DU RHONE

Extrait de la **Revue Politique et Parlementaire** *(Juin 1896)*

PARIS

BUREAUX DE LA *REVUE POLITIQUE ET PARLEMENTAIRE*

110, RUE DE L'UNIVERSITÉ

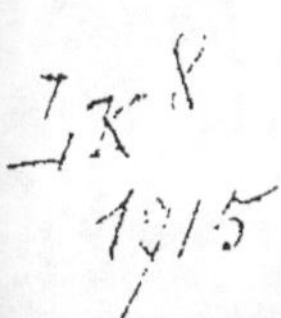

LA RÉORGANISATION ADMINISTRATIVE DE L'ALGÉRIE

I

Le Gouvernement Général.

L'année 1895 a été mauvaise pour l'Algérie. Durant plusieurs mois il n'a été bruit que de la scandaleuse affaire des phosphates. La presse tout entière lui a consacré d'innombrables articles ; des flots d'encre ont coulé ; le Parlement lui-même a été saisi, le Sénat d'abord par M. Pauliat, la Chambre ensuite sur une interpellation de M. Marcel Habert, dont la discussion n'a pas duré moins de trois séances.

Aujourd'hui cette affaire des phosphates peut être considérée comme terminée. Pour le passé, la juridiction administrative est saisie de la validité des concessions accordées ; pour l'avenir, le projet de loi déposé par le cabinet Bourgeois permettra au Parlement de voter les dispositions les plus propres à assurer l'exploitation de ces riches gisements.

Cependant cette retentissante affaire ne saurait se terminer là. Elle comporte une conclusion indirecte, d'ordre général et plus élevé, que les pouvoirs publics ne sauraient perdre de vue sans commettre une faute lourde. A la séance de la Chambre du 24 décembre dernier M. Cambon la formulait en ces termes : « Qu'on le veuille ou non, il résulte du récit douloureux de cette affaire, qu'il règne dans certaines parties de ce pays une sorte d'anarchie, et qu'il ne peut se produire de pareils faits sans des excès de faiblesse ou de complaisance dont il faut chercher la cause. » Ainsi, le scandale des phosphates a révélé un état de choses bien connu de ceux qui ont étudié l'Algérie, mais auquel jusqu'ici tous les gouvernements, par une sorte de pusillanimité regrettable, n'ont pas osé toucher. Le mal profond dont souffre le pays et qu'il faut extirper à tout prix, c'est un état de désordre inouï dans l'organisation, dans les institutions administratives ; c'est un déplacement complet du principe d'autorité, lequel n'est plus à sa place véritable, c'est-à-dire là où se trouve la responsabilité ; c'est une tendance funeste des fonctionnaires, ou du moins d'un grand nombre, qui les porte à tourner les yeux non plus vers leurs chefs, mais vers d'autres influences ; singulier péril qui les expose à devenir hommes de parti, hommes d'intérêt et quelquefois hommes d'affaires ! L'honorable M. Cambon, qui exprimait publiquement ces critiques, rappelait aussi le langage que lui tint le président Carnot lorsque, rejoignant son poste, le lendemain de sa nomination, il prit congé de lui : « Vous avez une double tâche à remplir, lui dit-il : vous avez d'abord à prouver aux indigènes la sollicitude de la France et à leur rappeler que nous les aimons. Vous avez ensuite à reprendre l'indépendance de l'administration. » Et avec une sincérité à laquelle il faut rendre hommage, l'honorable gouverneur ajoutait : « Je me suis essayé à ces deux tâches, non sans certaines difficultés. Je crois avoir en partie réussi dans la première ; je n'ai pas toujours suffisamment réussi dans la seconde. » Aveu significatif et précieux à enregistrer au moment où le Parlement va être appelé à se prononcer sur la direction qu'il entend donner à notre politique algérienne ! L'affaire des phosphates a jeté sur l'Algérie un jour fâcheux, une sorte de discrédit moral. Au moins faut-il que ce mal serve à quelque chose, qu'il en sorte une réforme profonde, un régime nouveau et réparateur. Nous souhaitons vivement que le scandale des phosphates devienne la cause occasionnelle de l'abolition définitive d'un régime administratif que l'expérience a condamné et dont le maintien conduirait la colonie à sa ruine.

I. — LA THÉORIE DE L'ASSIMILATION.

Pour tout observateur impartial et non prévenu, la situation de l'Algérie apparaît nettement. Le mal provient d'une cause première, sinon unique, du moins prédominante : au lieu de donner à l'Algérie des institutions administratives en harmonie avec son état social, avec son degré de civilisation, adaptées à ses besoins particuliers, la France s'est, en quelque sorte, efforcée de lui appliquer sa propre organisation. Le fléau de la colonie, c'est l'assimilation à outrance à laquelle nous avons voulu la plier.

Quoi qu'il en soit, les faits ont prononcé. Il est prouvé aujourd'hui que la conception qui assimile politiquement et administrativement la colonie à la métropole, est radicalement fausse et dangereuse. Déjà Jules Ferry s'élevait avec vigueur contre cette manie toute française de croire que nos lois sont les meilleures du monde, et qu'on peut sans danger les transporter en d'autres pays : « Nos lois, disait-il, n'ont pas la vertu ma-« gique de franciser tous les rivages sur lesquels on les « importe ; les milieux sociaux résistent et se défendent, et, en « tout pays, il faut que le présent compte grandement avec le « passé. » Profonde vérité que nous avons méconnue, source de tous nos mécomptes, de toutes nos déconvenues sur la terre algérienne ! Pour assimiler l'Algérie administrativement, il faudrait, au préalable, réaliser l'assimilation économique, po-litique et sociale ; or, à aucun de ces points de vue, l'assimilation n'existe. Dès lors, parler d'assimilation administrative, n'est-ce pas commettre un monstrueux contre-sens, une colossale erreur ?

A tous les degrés de notre organisation administrative, en haut comme en bas de l'échelle, nous retrouvons cette conception vicieuse. Elle a inspiré les décrets de rattachement du 26 août 1881, qui ont annihilé le gouverneur général. Elle a présidé à la constitution des divers services d'Etat. C'est elle, aussi, qu'on retrouve, toujours agissante, dans l'organisation des pouvoirs locaux. Départements et communes d'Algérie ont été façonnés à l'image et sur le modèle des départements et des communes de France. Il n'est pas jusqu'aux institutions politiques de la métropole qu'on n'ait importées sur la terre algérienne. On sait quels fruits amers a donnés cet essai ! Toujours et partout la même idée maîtresse évolue à nos yeux : l'assimilation ! Et, invariablement, dans tout les domaines, elle produit les mêmes effets : l'anarchie et le désordre. D'un pays merveilleux qui pourrait être pour la métropole une source inépuisable de richesse, on menace de faire, si on n'y prend garde, une terre inhospitalière.

II. — LES ORIGINES DU GOUVERNEMENT GÉNÉRAL.

Avant de voir ce qu'est le gouvernement général de l'Algérie, il nous paraît intéressant de voir ce qu'il a été. L'institution présente, en somme, dans son développement une grande unité.

Jusqu'en 1857, l'Algérie fut un champ de bataille plus qu'une colonie. Les gouverneurs étaient de vrais chefs d'armée tout aussi prêts à monter à cheval qu'à entrer, sabre au côté, au conseil de gouvernement. Randon et Bugeaud nous apparaissent sous cette figure.

En 1858, avec le prince Napoléon, apparaît la conception du ministère de l'Algérie. Un instant, on crut possible d'administrer la colonie à distance. L'impulsion devait partir de Paris; l'exécution proprement dite était laissée à une sorte de sous-gouverneur, qui fut le général de Martimprey. Mais l'expérience, d'ailleurs très loyalement faite, échoua, et on dut reconnaître que c'était folie de vouloir diriger de loin la politique algérienne. Très courageusement le gouvernement impérial confessa sa faute et abandonna le système.

C'est alors que fut créé, par l'important décret du 10 décembre 1860, l'organisation administrative qui subsista pendant vingt années, jusqu'au jour où, en 1881, fut fondé le régime actuel. Le gouverneur est une sorte de vice-roi. Son omnipotence n'est pourtant pas absolue; d'une part, le budget qu'il est chargé d'exécuter est voté par le Corps législatif, et lui-même, s'il est investi du pouvoir de décision, reste du moins soumis au contrôle du ministre de la Guerre. Mais, dans ces limites, le gouverneur a ses coudées franches et sa liberté d'action. Il a autorité pleine et entière sur le personnel; il est le chef incontesté qui peut déplacer tous les agents des services civils. Il approuve les projets de travaux publics. Il a le pouvoir de subventionner les communes. Bref, il est investi des prérogatives qui sont l'essence même du pouvoir exécutif.

Pendant la période qui va de 1860 à 1870, sous l'administration du maréchal Pélissier d'abord, du maréchal de Mac-Mahon ensuite, nous assistons à l'épanouissement de la conception nébuleuse du royaume arabe rêvée par l'empereur; la pensée de Napoléon III était, on le sait, de mettre sous notre tutelle la grande masse des indigènes, et de faire de l'Algérie une grande colonie arabe fournissant des ressources à la France. Le tort de cette formule était de supposer chez l'indigène une faculté productive qu'il n'a pas, celui-ci produisant tout juste ce qu'il peut consommer. La consigne officielle était alors : tout aux indigènes. On se souvient du fameux sénatus-consulte de 1863 qui consacra cette politique, en faisant des indigènes les vrais possesseurs du sol, en leur sacrifiant, avec les intérêts de l'État, ceux de la colonisation.

Le décret du 10 décembre 1860 était encore en vigueur lorsque la terrible insurrection de 1870 éclata. Il lui survécut. Mais si l'organisation fortement constituée du gouvernement général subsista, elle subit, dès cette époque, une série d'atteintes qui finirent par l'ébranler, jusqu'au jour où, en 1881, on la jettera brutalement à terre.

Par réaction contre le militarisme impérial, le gouvernement de la Défense nationale édicte le régime civil ; il fait de l'Algérie trois départements français administrés comme ceux de la métropole. Le contrôle des affaires algériennes, établi jusqu'ici au ministère de la Guerre, passe à celui de l'Intérieur, comme pour mieux marquer la pensée du gouvernement de leur imprimer une direction civile.

Après la terrible insurrection de 1870, l'amiral de Gueydon reconstitue le gouvernement général (1871-1873) et, de 1873 à 1879, le général Chanzy s'épuise vainement à concilier le régime des pouvoirs forts du décret de 1860 encore en vigueur avec la situation nouvelle que créait l'entrée en scène, dans la politique algérienne, de nouveaux facteurs, tels que l'introduction du régime électif, la représentation de la colonie au Parlement français, l'admission à la vie politique des juifs algériens. Tâche singulièrement ardue que celle qui consistait à faire vivre avec le régime représentatif un gouvernement général à larges attributions ! Il ne fallut rien moins que l'immense autorité personnelle, l'énorme prestige dont jouissait le général Chanzy, pour concilier ces deux éléments contradictoires. Lui-même y réussit-il complètement ?

En 1876, pour lever les obstacles dont les députés algériens gênaient son administration, Chanzy n'hésita pas à faire modifier l'organisation des rapports du gouvernement général avec

Paris. Jusqu'ici, ces rapports étaient régis par le décret de 1860, avec cette unique différence que, depuis le régime civil, le ministre de l'Intérieur remplaçait le ministre de la Guerre pour la centralisation des affaires algériennes. Les fonctionnaires placés à la tête de cette centralisation, au ministère de l'Intérieur, se faisant les instruments complaisants et dociles de la représentation algérienne dans ses tentatives d'empiètements et même d'hostilité contre le gouvernement général, Chanzy provoqua le décret de juin 1876, qui désagrégea l'ancienne centralisation au ministère de l'Intérieur et établit entre chaque ministre compétent et le gouvernement général une correspondance directe pour la solution des affaires ressortissant à chacun. Le droit de décision restait à Alger ; mais, à Paris, le contrôle, au lieu de demeurer concentré dans des mains uniques, fut disséminé dans les bureaux des divers ministères. Le décret de 1876 laissa au gouverneur général ses pouvoirs propres. Il importe d'autant plus de le remarquer que bien souvent on a présenté ce décret comme le commencement des rattachements. C'est là une erreur grave. Le trait caractéristique du décret de 1876, c'est qu'il consacre la dissémination du contrôle, et rien de plus. Chanzy espérait lutter ainsi avec plus de succès contre les empiètements de la représentation ; il croyait que les efforts de celle-ci, devant s'exercer à la fois sur tous les ministères, seraient paralysés, et que les vues du gouverneur général prévaudraient plus sûrement. Il n'en fut rien. Deux ans plus tard, Chanzy tomba, victime de la mesure que lui-même avait provoquée !

Son successeur, M. Albert Grévy, eut à lutter, lui aussi, contre les sénateurs et députés algériens. Un instant, ceux-ci avaient fait trêve. Le frère du président de la République paraissait pouvoir obtenir beaucoup pour l'Algérie. Mais la situation ne tarda pas à devenir intolérable pour M. Albert Grévy, comme elle l'avait été pour Chanzy ; tant il est vrai que les événements sont plus forts que la volonté des hommes ! tant il est vrai qu'il y avait, dans les institutions elles-mêmes, une cause inévitable de conflit !

Toutefois on ne voulut pas qu'il fût dit que le frère du Président de la République avait échoué purement et simplement. On fit coïncider son départ avec une modification de la haute administration algérienne. On avait à choisir entre deux solutions extrêmes et exclusives l'une de l'autre : le maintien d'un gouvernement général fortement constitué, ou le rattachement pur et simple à la métropole des affaires de l'Algérie. La seconde solution fut celle qui prévalut. Elle avait pour elle l'assentiment des représentants élus de l'Algérie, naturellement favorables à un régime administratif qui, en portant l'action directrice à Paris, — où ils résident habituellement et où, par suite, il peuvent exercer leur influence, — devait assurer leur prédominance exclusive. Elle était également préconisée par les bureaux métropolitains, d'avance acquis à toute mesure propre à accroître leur importance. De ces concours divers de circonstances sont nés les trop fameux décrets du 26 août 1881, qui marquent, dans l'histoire de l'Algérie, l'ère de l'anarchie et du désordre, dans laquelle ce pays se débat encore si péniblement à l'heure présente.

III. — LE SYSTÈME DES RATTACHEMENTS.

La première question à poser est celle-ci : Quels sont au juste, sous le régime actuel, les pouvoirs du gouverneur général? Quelle est en fait sa situation, tant à l'égard des services à la tête desquels il est théoriquement placé que vis-à-vis du gouvernement de la République dont il est le représentant officiel? Toute affaire administrative comporte trois phases distinctes : la *préparation*, la *décision*, l'*exécution*. Quelle est, dans chacune de ces phases, la part revenant au gouverneur? quelle est celle laissée à d'autres, soit au-dessous, soit au-dessus de lui?

Les décrets du 26 août 1881 comprennent un texte général, portant la signature de tous les ministres composant le Cabinet, et des décrets particuliers, signés par chaque ministre individuellement, accordant au gouverneur des délégations extrêmement variables.

L'esprit général du système réside tout entier dans l'article 1er du décret général : « *Les services civils de l'Algérie ci-après dénommés sont placés sous l'autorité directe des ministres compétents.* » Puis, suit une longue énumération de matières. C'est l'administration tout entière de la colonie qui est remise aux mains des ministres.

A ce principe, sans doute, il peut être dérogé. L'article 4 du décret dispose « *que le gouverneur général statuera, par délégation des ministres, sur les objets qui seront déterminés par des décrets rendus sur la proposition des ministres compétents* ». Pour les affaires dans lesquelles il agit en vertu d'une délégation, le gouverneur rend compte au ministre compétent, qui peut réformer ou annuler. Mais combien réduites et étroites doivent être, sous un tel régime, les attributions du gouverneur général ! Il suffit de connaître la tendance absorbante de nos administrations si fortement centralisées. La pensée des auteurs des décrets était de faire au gouverneur la part la plus petite possible ; la pratique s'est chargée de réaliser, en l'exagérant encore, cette tendance.

Dans leur article 3, les décrets disposent que « les communications entre les préfets ou les généraux de division chargés des territoires de commandement auront lieu par l'intermédiaire du gouverneur ». Il semble que rien de ce qui se passe en Algérie ne puisse lui échapper. Pure illusion ! A côté du principe est glissée l'exception : « Sauf dans les cas qui seront déterminés par arrêtés ministériels, après avis du gouverneur ». En fait, si un ministre veut se saisir directement d'une branche d'affaires, s'il désire connaître de telle ou telle catégorie de questions sans passer par son intermédiaire, quel moyen le gouverneur, agent subordonné, a-t-il pour s'y opposer ?

Sur les propositions et les mutations de personnel, le gouverneur doit donner préalablement son avis ou faire des propositions (art. 5). C'est un hommage rendu, sur le papier, à ce haut fonctionnaire. En pratique, on ne tient guère compte de ses avis ; et, lorsque des influences d'ordre politique s'exercent auprès des ministres, la voix du gouverneur ne saurait peser d'un grand poids. On passe le plus souvent outre à ses conseils.

Quant aux propositions budgétaires concernant les services civils, on demandera bien leur avis au gouverneur et au conseil supérieur de l'Algérie. Mais c'est aux ministres, chacun en ce qui le concerne, qu'on donne le pouvoir de les arrêter d'une façon définitive et de les présenter au Parlement dans un budget spécial, annexé au budget de la métropole.

Enfin, pour couronner cet édifice de centralisation, on déclare applicables à l'Algérie « les lois, décrets, arrêtés, règlements et instructions ministérielles qui régissent en France les divers services ». Jamais, jusqu'ici, le système de l'assimilation n'avait reçu une consécration plus complète, plus large, plus rigoureuse !

En même temps que paraissait ce décret général, les divers ministres faisaient signer par le chef de l'État une série de décrets particuliers énumérant, d'une façon limitative, les attributions qu'ils voulaient bien laisser au gouverneur général. En tête de chacun de ces textes, on retrouve la même formule : « Le gouverneur général de l'Algérie agira, par délégation du ministre, en ce qui concerne les services ci-après... »

Dans le régime inauguré en 1881, le gouverneur n'a plus de pouvoir propre. S'il a encore la préparation des affaires, s'il a l'initiative des mesures qu'il juge utiles ou nécessaires, si l'exécution de ces mesures est confiée à ses soins, il n'a plus ce qui est l'essence même du gouvernement : le droit de décision. Celui-ci est éparpillé à Paris, entre les mains de neuf ministres. En réalité, c'est le règne incontesté de la bureaucratie, docile elle-même aux influences politiques. Les ministres n'ont cure des affaires algériennes noyées dans la masse des affaires métropolitaines, et le plus souvent il les abandonnent à quelque agent subalterne. C'est l'effacement complet, absolu du gouvernement général ; c'est le contre-pied formel du régime antérieur. Le gouverneur n'est plus qu'un grand préfet, superposé aux trois préfets d'Alger, de Constantine et d'Oran, investi d'un titre pompeux et décoratif, mais, en réalité, dépouillé des attributions effectives du pouvoir. Il devient plus, pour emprunter au regretté Jules Ferry une image pittoresque, « un décor coûteux autant qu'inutile, tout au plus un inspecteur de colonisation, dans le palais d'un roi fainéant ». La logique eût voulu qu'on le supprimât purement et simplement. On n'osa pas aller jusque-là. On laissa subsister la fonction en se bornant à annihiler son action pratique.

De même, il eût été rationnel de supprimer le bureau des affaires algériennes existant au ministère de l'Intérieur. Celui-ci avait sa raison d'être comme organe de contrôle dans le régime antérieur qui attribuait au gouverneur des pouvoirs propres. Avec le régime nouveau qui lui enlevait tout droit de décision, le bon sens comme l'économie voulaient qu'on le supprimât. En 1881, on a laissé subsister le bureau de l'Algérie à l'Intérieur, comme dix années auparavant on avait maintenu le bureau des affaires algériennes à la Guerre. Singulière anomalie qui prouve que ceux-là mêmes qui ont voulu les rattachements, n'ont pas même osé les pratiquer sincèrement !

Que vaut ce régime ? quels résultats a-t-il donnés ? quelles résolutions s'imposent, en ce moment, au gouvernement ? Autant de questions qu'il faut éclairer en disant courageusement au pays la vérité tout entière. L'heure est décisive, et tous ceux qui aiment l'Algérie nous sauront gré de dire, nous l'espérons, le fond de notre pensée.

En fait, le gouverneur général est privé du droit d'intervenir dans une foule de questions de détail d'une importance, en apparence, toute secondaire, mais pourtant d'un intérêt capital pour la bonne marche des services. Nous surprendrons beaucoup de nos lecteurs quand nous dirons que ce haut fonctionnaire, investi d'un titre aussi décoratif, ne peut ni nommer ni déplacer un simple garde forestier, pas même lui accorder un congé ; que, pas davantage, il ne peut nommer un directeur du service de santé ; qu'il ne peut accorder la remise gracieuse de la moindre amende de contravention en matière d'impôt ; que, non plus, il ne peut décider la plus légère modification dans un bureau de postes ou de télégraphe. En ces matières, ses pouvoirs sont inférieurs à ceux d'un simple préfet !

Que si, de ces vétilles, nous passons aux choses les plus importantes, que voyons-nous ? Toujours la même impuissance. Les ministres — lisez les bureaux de la métropole — ont retenu la connaissance d'affaires qui sont absolument essentielles pour le gouverneur d'un grand pays et à l'égard desquelles, seul, il peut avoir une vue exacte, une appréciation juste des besoins à satisfaire ; de ce nombre sont la distraction d'un terrain du régime fosestier, l'ouverture d'un chemin en forêt, l'exécution du moindre travail d'hydraulique agricole. Dans toutes ces matières, le gouverneur ne peut rien ; il est à la merci de la métropole. S'il est des questions qui, de l'avis unanime, doivent relever du gouverneur, que les partisans du régime actuel eux-mêmes sont d'accord pour lui laisser, ce sont, assurément, la colonisation et la politique indigène ; eh bien ! en fait, par les entraves que l'on met à l'exercice de ses attributions, le gouverneur se voit, dans ces questions mêmes, constamment paralysé, gêné, contrecarré.

On doit se demander quel prestige le représentant de la France peut bien avoir aux yeux des indigènes. Ceux-ci ne comprennent rien aux finesses d'un système administratif qui ne laisse au gouverneur général que l'ombre de l'autorité. Habitués qu'ils sont à concevoir tous les pouvoirs concentrés entre les mains de l'homme qui incarne le principe du commandement, leur esprit simpliste est déconcerté, lorsque, lui demandant la réparation d'une injustice, ils entendent tomber de ses lèvres cet aveu qu'il ne peut rien pour eux, qu'il en référera à ses chefs, à tel ou tel ministre inconnu, détenteur précaire et passager du pouvoir, qu'ils n'ont jamais vu, dont parfois le nom même leur est inconnu. Le prestige du gouverneur est atteint, et avec lui le prestige même de la France ! Ces âmes naïves n'entendent rien à nos fictions administratives.

Malheureusement, il est d'autres conséquences, infiniment plus graves, à noter. Parmi elles il faut citer en toute première ligne la mainmise des administrations métropolitaines sur les affaires algériennes. Les indications du gouverneur général, inspirées par l'expérience que, seul, il a du pays et de ses besoins, sont le plus souvent perdues de vue. Les bureaux des ministères traitent forcément les questions d'Algérie dans le même esprit, suivant les mêmes formules, que celles de la métropole, sans tenir compte de la profonde différence des milieux ; et parfois leurs décisions constituent de monstrueux contresens. En outre, par cela même que ces bureaux dépendent d'administrations différentes, il n'existe entre eux aucune unité de vue, aucune ligne de conduite commune, aucune vision du but général à atteindre. Les choses se passent comme s'il s'agissait d'un char auquel seraient attelés plusieurs chevaux tirant chacun dans une direction opposée. Le gouverneur, conducteur du char, mais qui n'en tient pas les guides, peut-il avoir une politique et l'appliquer ?

Quant aux agents des administrations civiles détachés en Algérie, beaucoup affectent vis-à-vis de lui un esprit d'indépendance tout à fait fâcheux.

On a vu des préfets, forts des influences dont ils disposaient, s'émanciper vis-à-vis du gouverneur, au point que l'un d'eux aurait pu dire : « Le gouverneur a sa politique ; moi, j'ai la mienne ! » Faut-il s'étonner que les agents des divers services, eux aussi, s'affranchissent hautement de la direction du gouverneur lorsque les administrations centrales elles-mêmes dont ils relèvent leur en donnent le regrettable exemple ?

Le danger résultant de l'affaiblissement des pouvoirs du gouverneur se trouve encore accru par l'établissement, en Algérie, du régime électif, apanage et privilège d'une infime minorité composée de Français et d'Israélites naturalisés. Pour eux, l'intérêt public se confond, hélas ! bien souvent avec l'intérêt personnel et privé, et ces trois cent mille personnes qui forment le pays légal, qui possèdent seuls le bulletin de vote, se laissent aisément aller à des entraînements auxquels leurs élus ont infiniment de peine à résister. Du règne des sénateurs et députés, on est vite passé, en Algérie, à celui des conseillers généraux, des conseillers municipaux et des grands électeurs. A ces entrainements, il eût été sage, il eût été prudent d'opposer une digue salutaire. On ne l'a pas fait. Bien plus, c'est précisément à l'heure où l'on ouvrait libre passage à ce courant, qu'on a dépouillé de ses pouvoirs le gouverneur général, le seul agent placé assez haut, assez indépendant, pour se constituer le défenseur des intérêts généraux et permanents de la colonie. On a laissé carrière aux influences électorales, plus néfastes en Algérie que partout ailleurs, à raison même de l'organisation politique de ce pays. Bien vite, celles-ci sont devenues l'unique boussole pour la direction des affaires publiques. Un gouverneur général, plus fort, moins systématiquement annihilé, eût pu être le frein salutaire, le modérateur par excellence !

A un autre point de vue, le régime des rattachements a été désastreux. Les prévisions budgétaires de dépenses établies par le gouvernement général, avec le concours du conseil supérieur, ont fini par ne plus être prises en considération par les divers ministères. Chacune des administrations cherche à grossir à l'envi son budget pour satisfaire aux besoins qu'elle éprouve ou aux projets qu'elle conçoit, sans se préoccuper des autres ; si bien que tel service intéressant aura une dotation fâcheusement insuffisante, alors que tel autre qui, sans souffrir, pourrait l'attendre, est largement doté. Les 50 millions du budget des dépenses de l'Algérie pourraient, sans être augmentés, mais avec une répartition plus judicieuse entre les divers services, fournir un effet considérablement plus utile.

Entouré d'obstacles semés comme à plaisir autour de lui, en lutte ouverte avec les influences qui s'exercent à l'encontre de la sienne, souvent mal servi par les agents placés à ses.côtés ou au-dessous de lui pour être ses auxiliaires, que devient le gouverneur général? quelle peut être son action? C'est l'homme du monde le plus malheureux. Son sort n'est guère enviable. Théoriquement responsable, il est condamné à l'inaction ; il ne peut rien ; et, c'est lui qui doit endosser toutes les responsabilités des fautes commises par les administrations placées au-dessous de lui. Ah ! certes, nous comprenons très bien cette parole de M. Cambon disant à la Chambre : « Là où est l'autorité, là doit être la responsabilité. » Il aurait pu ajouter que là où n'est pas l'autorité, là ne saurait être la responsabilité, l'une étant le corollaire de l'autre.

L'organisation de l'Algérie oblige le gouverneur à faire constamment le voyage de Paris, à venir dans les antichambres des ministres presser une affaire qui traîne, défendre son administration, éclairer tel ou tel ministre que les fluctuations politiques ont conduit au pouvoir. Les rattachements ont condamné le gouverneur à être aussi souvent — sinon plus — à Paris qu'à Alger. Déplorable absentéisme que le grand public ne comprend pas et qui produit, là-bas, le plus fâcheux effet !

Nous en aurions fini avec l'énumération des conséquences funestes des décrets de rattachement, si nous n'avions encore à appeler l'attention sur celle-ci, non, certes, la moins regrettable : l'arrêt prolongé de tous les projets de réforme qui intéressent l'Algérie. Le gouvernement général prépare des projets de loi, de décret, de règlement, qui sont élaborés avec le plus grand soin et avec toutes les conditions de compétence désirables par des hommes connaissant parfaitement les besoins locaux. Ces projets sont envoyés à Paris, et là, ils vieillissent paisiblement dans quelque coin des bureaux des ministères. Ces projets restent en souffrance, et pourquoi ? Parce que les bureaucrates de Paris ne se rendent point compte de leur importance réelle. Voici, à titre d'exemple, quelques-uns de ces projets d'un intérêt capital.

L'usure dévore l'Algérie ; nul ne l'ignore. Un projet de loi a été envoyé par le gouvernement général au ministère de l'Intérieur, en janvier 1894. Il n'en est pas sorti.

La sécurité publique est insuffisamment assurée dans certaines parties de la colonie, surtout en territoire civil ; les tribunaux judiciaires sont impuissants à assurer la répression. Pour remédier à ce mal, le gouverneur a élaboré un projet de règlement constituant, en territoire civil, des commissions disciplinaires analogues à celles qui fonctionnent, d'une façon si satisfaisante, en territoire militaire. Le projet est au ministère de l'Intérieur depuis le mois de juillet 1894.

Il y a longtemps qu'on réclame, en Algérie, l'utilisation pour les travaux publics de la main-d'œuvre pénitentiaire. Le projet élaboré par le gouverneur sommeille place Beauveau, depuis septembre 1892. Plusieurs fois, il a été rappelé. Jusqu'ici, à notre connaissance du moins, aucune réponse n'a été donnée.

L'application de notre Code forestier est un des plus grands fléaux de l'administration française en Algérie ; chacun sait cela. Le gouverneur a institué à Alger une commission composée des personnalités les plus compétentes pour préparer un projet de Code forestier spécial, en rapport avec les besoins particuliers de la colonie. Ce projet a sans doute été mis dans le tiroir de quelque fonctionnaire, qui a dû le fermer, et en perdre la clef ; car, depuis le mois de juillet 1894, date de son envoi, on n'en n'a plus entendu parler.

La question des services postaux maritimes fut étudiée dès 1892 au gouvernement général. De nombreux rapports furent envoyés à Paris. Le 30 juin 1895, date de l'expiration du traité, le gouvernement n'avait pas encore pris une décision.

C'est ou jamais le cas de dire, comme au Palais, que la cause est entendue. Les rattachements constituent un régime d'administration détestable. Celui-ci a été condamné par tous les hommes qui ont étudié de près l'Algérie, MM. Ferry, Burdeau, Jonnart, Pourquery de Boisserin. Ceux-là mêmes qui, comme ministres, ont approuvé les décrets de 1881, les ont condamnés. Il est piquant de relever dans la bouche de Jules Ferry, président du Conseil d'alors, cette sentence qui nous paraît sans appel : « Je crois, disait-il, qu'éclairés par l'expérience et mieux « informés que nous ne l'étions alors des choses d'Algérie, plus « d'un des ministres qui signèrent ces décrets ne se soucieraient « pas, à cette heure, de les défendre. » S'il en est ainsi, pourquoi les Cabinets qui se succèdent au pouvoir, laissent-ils se perpétuer un régime aussi néfaste, aussi préjudiciable aux intérêts les plus vitaux de notre grande colonie méditerranéenne?

IV. — Rapports du Gouvernement général avec la Métropole.

Après avoir fait la critique générale et théorique de la doctrine des rattachements, il nous faut passer de la théorie à l'application et voir successivement, un à un, quels sont les rapports du gouvernement général avec chacun des ministères de Paris. Donnons nos preuves.

On peut, à cet égard, répartir les ministères en quatre catégories : 1° ceux dont l'entente est parfaite avec le gouvernement de l'Algérie; 2° ceux qui, ayant donné au gouverneur de larges délégations, sont rarement en conflit avec lui; 3° ceux qui, ayant gardé le droit de décision presque intégralement et n'accordant au gouverneur que des délégations restreintes, sont avec lui en conflit permanent; 4° ceux qui, sans avoir avec le gouverneur des dissentiments de fond, se trouvent pourtant en désaccord avec lui sur des questions de personnes. Ce groupement, d'apparence un peu arbitraire, a l'avantage de permettre une vue d'ensemble des difficultés continuelles que le gouvernent d'Algérie rencontre, du côté de la métropole, dans l'accomplissement de sa tâche.

La première catégorie de ministères — celle qui est constamment d'accord avec le gouverneur général — comprend les Affaires étrangères, la Guerre et la Marine. Pour les affaires de cette nature, qui intéressent la politique générale de la France, il est évident que le gouverneur ne saurait avoir aucune délégation. S'agit-il d'entamer une négociation, de prendre des mesures d'ordre militaire? Il est clair que le gouverneur ne peut qu'en référer à l'administration centrale, qui tient dans ses mains tous les fils de notre politique extérieure, qui dispose de nos forces de terre et de mer.

La seconde catégorie comprend les ministères qui, d'ordinaire, vivent en bons termes, si l'on peut ainsi parler, avec le gouvernement général. Ce sont les ministères à grandes attributions, ceux qui, ayant beaucoup d'affaires à traiter, se sont volontiers déchargés des questions algériennes sur l'Adminis-

F.-R.

tration locale. Ces ministères ont accordé au gouverneur des délégations sinon absolues, du moins, sauf quelques réserves, suffisantes. Ce sont les ministères des Travaux publics, des Finances et de l'Intérieur.

Le ministère des Travaux publics est celui qui s'est montré le plus large dans ses délégations. Il a parfaitement compris que, dans un pays sans cesse en transformation, il est nécessaire de donner au gouverneur une certaine latitude. D'après les décrets de rattachement, le gouverneur n'avait qu'une délégation très limitée, comportant l'approbation des projets jusqu'à 25.000 fr. seulement. Depuis, on lui a lâché la bride.

Si on laisse de côté les travaux des ports maritimes pour lesquels l'Administration se réserve l'approbation de tout devis quel qu'il soit, on constate que, pour les travaux de route, (construction et grosse réparation), le gouverneur a reçu délégation jusqu'à 100.000 francs. Bien plus, en fait, on est arrivé, grâce à un procédé ingénieux, à élargir encore ses pouvoirs. S'agit-il de construire une route qui coûtera plusieurs millions? On divise le devis total en une série de devis partiels dont chacun est inférieur à 100.000 francs. L'administration ferme les yeux, et grâce à cet expédient, on gagne du temps ; on évite l'envoi du dossier au conseil général des ponts et chaussées, et, sur l'avis de l'inspecteur général, sorte de conseil technique délégué auprès du gouverneur, celui-ci donne son approbation. Il y a là un exemple excellent que pourraient avantageusement imiter les autres administrations.

Le ministre des Finances a, lui aussi, donné des délégations suffisantes. Pour les services relevant de lui, le gouverneur est en Algérie son représentant exclusif. Les agents, nommés par décret ou par arrêté ministériel, sont mis par la métropole à sa disposition ; il peut leur assigner une résidence, et les rendre à l'administration de France s'il n'en est pas satisfait. Les choses se passent ainsi pour les Contributions directes, les Contributions indirectes, l'Enregistrement (1).

(1) Une seule exception à ce régime se rencontre pour le service des Douanes. Celui-ci forme, à l'heure actuelle, une administration absolument autonome, à laquelle le gouverneur général demeure absolument étranger. Une telle anomalie s'explique théoriquement. On est parti de cette idée que, le régime douanier de l'Algérie étant celui de la France, les tarifs à appliquer étant les mêmes, il était nécessaire que le service des douanes algériennes restât partie intégrante du service métropolitain. L'idée est exacte assurément. Mais, en fait, ne l'a-t-on pas

Parmi les services du ministère de l'Intérieur, il en est un qui est resté absolument rattaché ; c'est celui des prisons. Dans les bureaux du gouvernement général, à Alger, il n'existe pas un dossier sur les affaires de cet ordre. Sur le service pénitentiaire, le gouverneur n'a pas la moindre parcelle d'autorité. Un gardien de prison lui manquerait-il de respect, il n'aurait d'autre ressource que celle de se plaindre au ministre. La Direction des prisons est, comme en France, représentée par les préfets qui correspondent directement avec elle ; le gouverneur n'est pas même un simple transmetteur. Et cependant les prisons forment, en Algérie, un service considérable. Il y a là une demi-douzaine de maisons centrales ou de pénitenciers (certains comptent jusqu'à 800 détenus), répartis dans trois circonscriptions pénitentiaires, avec trois directeurs. A beaucoup d'égards, il est très fâcheux que le gouverneur soit tenu à l'écart de ce service (1).

singulièrement exagérée? N'a-t-on pas dépassé la mesure en enlevant au gouverneur tout droit d'immixtion? Nous le pensons fermement. En faisant du service des douanes un instrument purement fiscal, nous privons le gouverneur d'un personnel absolument propre à être utilisé au profit de notre influence en Afrique. Du corps des douanes, qui forme un groupe de 700 agents, — dans lequel il y a fantassins, cavaliers et marins, — nous ne tirons pas tout le parti qu'il pourrait donner. Peut-on oublier que ces agents sont placés comme des sentinelles à toutes les portes de l'Algérie? qu'ils sont chargés de la perception de l'octroi de mer et de la police sanitaire? qu'ils vivent en contact permanent avec les indigènes? Ne peut-on pas craindre que ces agents, livrés à eux-mêmes, sans autre mission que la perception de l'impôt, ne soient entraînés parfois par le zèle professionnel, et ne commettent de véritables fautes politiques? On sait, par exemple, qu'il se fait par les caravanes venant du Sud une contrebande considérable. Assurément il faut la réprimer. Mais encore faut-il y mettre des tempéraments. Une certaine légèreté dans le doigté s'impose, pour ne pas décourager les caravanes que tous les efforts du gouverneur tendent à attirer vers nous. Il y aurait, croyons-nous, un immense profit pour la France à ce que le service des Douanes, comme tous les autres services financiers, soit en relation étroite avec le gouverneur et lui prête un concours constant, au lieu de vivre complètement en dehors de lui. Pourquoi ne pas consulter le gouverneur sur la nomination des chefs de service? Pourquoi ne pas lui donner une autorité directe sur le personnel, au point de vue de la résidence, de la suspension et de l'avancement? Pourquoi, enfin, ne pas le consulter sur les affaires qui mettent en jeu des dispositions spéciales de la législation algérienne, sur les remises gracieuses d'amende, dont la portée politique est si grande ?

(1) Les prisons algériennes sont comme le reflet de la population du pays. Elles offrent un mélange de représentants des races les plus diverses. Sur 100 prisonniers, il y a, au moins 80 indigènes ; le surplus est formé de Français, d'Israélites, d'Espagnols et d'Italiens. Une agglomération aussi bigarrée de détenus ne peut être régie suivant les mêmes règles, d'après les mêmes méthodes, que les prisons de la métropole. Il y a des difficultés incessantes qui, sur place, pourraient être aplanies par le gouverneur. On éviterait ainsi bien des conflits.

L'étroit rattachement du service pénitentiaire à la métropole l'a rendu complètement improductif. Non seulement nous ne tirons aucun parti des nombreux

La troisième catégorie de ministères comprend ceux pour lesquels le conflit avec le gouvernement général est à l'état chronique. Parmi eux figure au premier plan, l'Agriculture et, à un degré moindre, le Commerce, ou, plutôt, l'Administration des Postes et Télégraphes. Ce sont les ministères à petites attributions. Il semble que ceux-ci aient voulu garder les affaires algériennes pour accroître leur importance.

L'Algérie est un pays essentiellement agricole ; et, s'il est une branche d'affaires pour lesquelles il serait rationnel de conférer au gouverneur des pouvoirs étendus, c'est assurément celles qui touchent à l'agriculture. Eh bien ! nous avons le regret de constater qu'ici encore le gouverneur n'a que des pouvoirs à peine préfectoraux. Il n'a reçu délégation que sur des points tout à fait secondaires ; dès qu'il s'agit d'une question de quelque importance, le ministre la retient (1).

détenus de nos prisons algériennes, mais ceux-ci coûtent à notre budget des sommes considérables. Tout le monde, là-bas, connaît le légendaire exemple du pénitencier de Berrouaghia où 1.100 prisonniers sont occupés à cultiver un domaine agricole de 5 à 600 hectares. C'est folie que d'appliquer à l'Arabe notre régime pénitentiaire ; la privation de liberté qui constitue la base de notre système répressif ne le touche pas. Grande erreur que de croire punir l'Arabe en le mettant en prison !.Ce régime ne lui déplaît pas. On restreint sa liberté en l'enfermant dans une cellule : peu lui importe. L'Arabe est un contemplatif auquel l'inaction est agréable. Il n'a pas de lit, c'est vrai ; mais, chez lui, il n'en a pas davantage. On ne lui donne que de l'eau à boire ; mais le Coran lui interdit les boissons fermentées. Pour toute nourriture on lui donne du pain ; mais le pain du roumi vaut mieux que sa galette, c'est presque une gourmandise ! Notre système de répression est d'une inefficacité parfaite vis-à-vis de l'Arabe. Il faut y renoncer et utiliser la main-d'œuvre pénitentiaire dans les travaux publics soit pour l'ouverture de routes, soit pour les défrichements de terrain. Actuellement l'administration livre aux colons des terres absolument vierges, encore couvertes de broussailles, sur lesquelles aucun défrichement n'a été opéré. Le malheureux colon doit passer sa première année tout entière à défricher ce sol, et, pendant cette période improductive, il risque fort de manger son premier capital. L'œuvre de la colonisation tout entière peut ainsi se trouver compromise. Pourquoi ne pas utiliser la main-d'œuvre des prisonniers pour effectuer ce premier travail de défrichement ? On éviterait à nos colons bien des déboires. Mais pour employer utilement les bras des prisonniers, il faut que la direction du service soit remise au gouverneur général.

(1) Voici un très curieux exemple de l'état d'esprit qui règne rue de Varennes. Dans une lettre, le gouverneur général avait donné des renseignements sur les candidats à l'emploi d'inspecteur de l'agriculture en Algérie, et à cette occasion, il lui avait exposé les conditions dans lesquelles, à son avis, le titulaire choisi devait exercer ses fonctions. Immédiatement, par dépêche, le ministre, répond au gouverneur qu'il a constitué un concours sur titres pour la nomination de ce fonctionnaire. Puis, passant à la question de savoir quels seront les rapports de l'inspecteur avec le gouvernement général, il écrit cette phrase qui fait rêver : « Quant aux conditions dans lesquelles s'exercera la fonction, je donnerai au « candidat choisi des ordres formels pour qu'il entretienne les meilleurs rapports « avec le gouvernement général et qu'il se mette à votre disposition pour vous

Le service des forêts, de son côté, affecte vis-à-vis du gouverneur la plus complète indépendance. Et pourtant c'est l'un de ceux qui ont, en Algérie, la plus grande importance, soit par l'étendue des terres qui lui sont soumises, soit par les rapports quotidiens qu'il entretient avec la population indigène. N'est-il pas étrange que le gouverneur, qui a la responsabilité de la politique générale du pays, demeure étranger à un service qui touche de si près aux intérêts de nos sujets algériens?

Le sol forestier de l'Algérie comprend 2.400.000 hectares. On y a incorporé d'immenses surfaces couvertes de broussailles, improprement qualifiées du nom de forêts. Sur ce sol vivent des populations pastorales qui, de temps immémorial, jouissent dans ces forêts de droits d'usage indispensables à leur existence et que notre administration, le Code forestier en main, refuse d'admettre. Il y a là des sources de conflit permanentes, des causes de mécontentement qui, à un moment donné, peuvent devenir dangereuses.

Une administration purement technique n'a qu'un objectif : exploiter suivant la formule réglementaire. Les ménagements nécessaires que la politique conseille lui échappent absolument ; le gouverneur n'a pas le moyen de tempérer la rigueur de ses méthodes. Sur les questions forestières elles-mêmes, il n'a pas d'avis à émettre, pas de décision à prendre, qu'il s'agisse de distraire un terrain du régime forestier, ou d'ouvrir un chemin, ou de construire une simple cabane en forêt. Sur le personnel, il ne possède aucune autorité ; il ne peut ni nommer, ni déplacer, ni suspendre un agent du grade le plus infime. Et pourtant combien de raisons y aurait-il de faire surveiller par le gouverneur ce personnel insuffisamment recruté. et qui est armé d'un pouvoir terrible dont il est si facile d'abuser !

L'esprit d'indépendance à l'égard du gouvernement général qui anime le service forestier atteint un degré dont on ne se fait pas idée. Les exemples abondent (1).

« donner tous renseignements officieux sur la question agricole en Algérie. Mais « je ne saurais, à aucun titre, vous reconnaître des droits sur ce fonctionnaire « nommé par moi et payé sur le budget de l'agriculture. Lorsque vous aurez à « lui demander des rapports et à lui confier des missions, vous voudrez bien « avant tout m'en référer pour que je donne moi-même à ce fonctionnaire des « instructions précises. » L'arrivée au pouvoir d'un autre ministre avant l'époque fixée par le concours eut pour effet de modifier ces dispositions, et l'inspecteur d'agriculture fut placé sous l'autorité directe du gouverneur général.

(1) Le sous-préfet de Tizi-Ouzou, au mois de février 1895, était chargé par le

Ces incidents peuvent paraître puérils ; mais l'esprit d'indépendance dont ils procèdent s'accuse aussi par des faits plus graves encore qui lèsent fréquemment les indigènes dans leurs droits de propriété et dans leur fortune. C'est ainsi qu'il est

gouverneur de procéder à une enquête sur les causes de divers incendies forestiers. Un brigadier forestier appelé devant lui entre dans le bureau où il se trouve. Il néglige de saluer et prend une attitude des plus arrogantes. Prié de donner des renseignements, il dit : « Je n'ai pas à vous répondre ; je ne vous connais pas ; je n'ai pas d'ordre de mes chefs. » En vain le sous-préfet objecte-t-il que « représentant de l'Etat, il a le droit de contrôler les services de l'Etat en ce qui touche l'intérêt général de l'arrondissement ; qu'en la circonstance il n'use de ce droit qu'en exécution des ordres du gouvernement général et du préfet ». Le brigadier élève la voix, exagère l'impertinence de son attitude. Le conservateur des forêts, bien que trouvant blâmable l'attitude du brigadier, cherche d'abord à excuser son refus de répondre ; puis, sur les observations du sous-préfet, il finit par reconnaître que « les instructions données aux gardes forestiers de n'avoir jamais à fournir de renseignements concernant le service, ne pouvaient viser ni le préfet ni le sous-préfet ». A la prière du conservateur, le sous-préfet pardonne au brigadier ses insolences ; mais il demande au conservateur de dire à ce préposé, en sa présence, qu'à l'avenir lui et tous les autres gardes de l'arrondissement devront répondre à toutes les questions qu'il voudra leur adresser sur tout ce qui touche à l'intérêt général de la circonscription. Sur l'initiative du conservateur, le brigadier se retire en promettant « qu'il sera dorénavant respectueux non seulement envers le sous-préfet, mais encore dans ses rapports avec MM. les administrateurs et administrateurs-adjoints des communes mixtes ». Dans un rapport sur cette même affaire, le sous-préfet, examinant les causes probables des incendies répétés qui dévastent de beaux massifs de chêne-liège, se plaint que « les gardes forestiers dressent trop souvent à tort et à travers des procès-verbaux, qu'ils entassent tracasserie sur tracasserie, et se targuent d'une quasi-autonomie pour malmener et maltraiter les indigènes».

Autre exemple : dans les premiers jours de janvier 1887, par un temps rigoureux, le sous-préfet de Sétif était chargé de présider une commission officielle dans la montagne du Bou-Thaleb. Ne pouvant se procurer dans la commune du bois pour se chauffer, il réquisitionne quelques mulets et leurs conducteurs pour chercher du bois mort dans la forêt. Afin d'éviter aux indigènes d'être pris pour des délinquants, il leur remet un écrit pour le garde forestier. Ce dernier, s'estimant couvert, laissa les indigènes prendre le bois, sans cependant négliger de rendre immédiatement compte à ses chefs. Ceux-ci n'hésitent pas à le punir « pour avoir manqué aux principes les plus élémentaires de la discipline, son devoir étant, avant de procéder à la délivrance demandée, d'en référer à ses chefs. » Ainsi, d'après le conservateur, le garde eût dû renvoyer les Arabes de la forêt, en référer ensuite à son brigadier, et attendre les ordres de celui-ci, qui, en vertu des mêmes principes, aurait dû, sans doute, en référer à son chef de cantonnement, lequel, à son tour, eut demandé des instructions à son inspecteur, qui, de son côté, aurait provoqué celles du conservateur. Pendant ce temps, les Arabes eussent eu en spectacle toute une commission présidée par le premier fonctionnaire de l'arrondissement, dénuée, en temps de neige, de tout moyen de chauffage. Ils n'auraient pu voir, dans ce fait, que l'autorité de ce haut fonctionnaire mise en échec par un simple garde forestier. Malgré les instances du préfet, le blâme infligé au garde fût maintenu ; il ne fallut rien moins que l'intervention de l'inspecteur général, alors en tournée en Algérie, et l'ordre exprès du gouverneur géral pour faire rapporter la mesure prise à l'encontre de ce garde coupable de s'être conduit avec déférence et humanité envers une commission composée, outre son président, de fonctionnaires tous beaucoup plus élevés que lui dans la hiérarchie.

arrivé souvent que, pour fournir des terrains de culture aux gardes, les agents n'ont pas hésité à chasser des indigènes des terres de culture et de jardin, en soutenant que les limites du sénatus-consulte englobaient ces terres dans le sol forestier. Les réclamations que suscitent ces faits sont repoussées tour à tour par toute la hiérarchie des agents forestiers qui ont à les instruire, et les dépouillés ne peuvent avoir gain de cause qu'autant que l'administration supérieure se décide à mettre en branle toute la machine administrative, en envoyant sur place un conseiller de gouvernement assisté d'un agent technique de la brigade de topographie. Dans ce cas, les agents forestiers en sont quittes pour reconnaître qu'ils ont fait erreur. Quant aux propriétaires, ils en sont pour des mois de prison, des amendes élevées, des frais d'hommes d'affaires qu'ils ont eus à supporter pour se défendre, sans parler de la privation de leur héritage pendant de longues années. Pour une famille cette privation a duré dix-huit ans !

De pareils faits sont fréquents. Ils n'arrivent pas toujours à la connaissance de l'autorité administrative en raison de la terreur qu'inspirent aux indigènes les agents et préposés forestiers, par le pouvoir exorbitant dont ils disposent et la quasi-autonomie dont ils jouissent. A peu de distance d'Alger, on a pu voir un agent se rendre en territoire arabe et prendre solennellement possession, au nom de l'Etat, de terrains boisés dont la propriété melk venait d'être reconnue aux indigènes, à la suite des travaux d'application de la loi du 26 juillet 1873, homologuée par arrêté du gouverneur en conseil de gouvernement. Or, les indigènes terrorisés n'ont pas protesté, et l'Administration n'aurait pas eu connaissance de ces faits, si le chef du service de la topographie n'avait eu à signaler, pour mettre sa responsabilité à couvert, que ses géomètres avaient été, sans même qu'il en fut avisé, réquisitionnés par l'agent forestier, dans le but de borner les parcelles et de donner, par leur concours, plus de solennité à la dépossession dont les indigènes étaient victimes au nom de l'Etat.

Par ces exemples, on peut voir quel esprit anime quelques agents du service forestier, qui considèrent sans doute les faits en question comme des actions de nature à mériter l'estime et la protection de leurs chefs. Les faits semblent leur donner raison ; car il est constant que l'agent coupable de ces dernières exactions, dont la résidence est très rapprochée de celle de son conservateur, est considéré par ce dernier comme un des meilleurs agents de sa conservation.

Le service de l'hydraulique agricole ne le cède en rien à celui des forêts par la façon étroite, et rigoureuse dont il applique les rattachements.

Dans un pays comme l'Algérie, l'hydraulique a une importance vitale. Avec de l'eau, de la terre et du soleil, on peut faire des merveilles, en agriculture. Or, sous le ciel brûlant d'Afrique, l'eau est chose précieuse, non que les pluies y soient très rares, mais parce que, faute d'être retenues par les forêts et la végétation, les eaux glissent sur le sol sans le pénétrer, et coulent dans les vallées où les rivières les emportent à la mer. Dans tout le Tell, les eaux de pluie n'imbibent pas le sol d'une façon suffisante, et si la main de l'homme ne s'en mêle, elles ne laissent pas après elles leurs bienfaits habituels. D'où la nécessité de construire des barrages pour retenir les eaux dans les vallées, pour les répandre ensuite dans les campagnes et irriguer les terres. Sans une hydraulique bien comprise, l'agriculture algérienne est vouée à l'impuissance (1).

(1) Sur les Hauts-Plateaux, la question présente un aspect particulier. Là, il n'y a pas de cultures ; mais l'élevage du mouton, s'il était bien compris, pourrait devenir une source de prospérité inouïe. Les Arabes promènent dans ces solitudes d'immenses troupeaux de moutons, ressource jusqu'ici négligée. Pour cela, deux conditions s'imposent : d'abord donner aux indigènes les notions indispensables sur la sélection des races ; ensuite, mettre à leur disposition des réservoirs d'eau, pour abreuver leurs animaux. Sur ce dernier point, il faudrait capter l'eau existant çà et là, à la surface du sol, et l'amener artificiellement par des drainages, dans des réservoirs artificiels (r'dirs), à des endroits bien choisis, sur le parcours suivi par les troupeaux dans leurs migrations annuelles. M. Cambon s'est vivement préoccupé de cette question intéressante ; il s'est rappelé que, sous la domination romaine, l'Algérie fut la terre classique du mouton, que le mouton algérien est le descendant dégénéré de cette race, créée par eux à si grands frais, qui, en passant en Espagne a, aux mains des Maures, donné le mérinos. Par les soins des commandants de cercle, il a fait procéder à une colossale enquête sur la richesse de l'Algérie moutonnière. On a dénombré les troupeaux, relevé les parcours, noté les points d'eau et dressé un programme grandiose des travaux à exécuter pour tirer parti de cette fortune. Pour tous les hommes compétents, il n'y a aucun doute que nous ne puissions, en peu d'années, décupler notre production. La France, aujourd'hui tributaire de l'Australie et de la Plata pour les laines, de l'Allemagne et de l'Autriche pour la viande, pourrait tirer de l'Algérie tout ce dont elle a besoin pour sa consommation. Ce serait pour nos colons, pour nos tribus, une immense source de prospérité. En outre, l'engrais laissé sur la terre algérienne par un troupeau porté de 10 à 40 millions de têtes,

La colonisation officielle rentre dans les attributions incontestées du gouverneur général. C'est à lui de décider que sur tel point déterminé, un centre sera créé. Or, voici ce qui se passe : la commission des centres étant favorable, le gouverneur prend son arrêté d'autorisation. Il semble que l'exécution doive suivre immédiatement : nullement. La création d'un village suppose des adductions d'eau ; il faut irriguer les terres alloties à concéder. Il paraît naturel, logique, que le gouverneur ait tous pouvoirs pour assurer les mesures d'exécution nécessaires. Il n'en est rien. On doit s'adresser à Paris aux bureaux de l'hydraulique agricole, et attendre leur décision. Toute la colonisation algérienne est suspendue à l'hydraulique agricole ; or celle-ci ne tient aucun compte des besoins particuliers du pays. Par ses lenteurs, pour ne pas dire son mauvais vouloir, elle paralyse les pouvoirs mis aux mains du gouverneur en matière de colonisation ; elle lui retire et annihile une de ses fonctions essentielles.

M. Cambon a protesté vivement contre une telle interprétation des décrets de rattachement. Un semblant de satisfaction lui a été donné ; on lui a permis d'approuver les travaux d'hydraulique agricole jusqu'à 15.000 francs. Mais cette concession nous semble de pure forme, car on ne lui a pas accordé le droit de disposer des crédits. Si un syndicat d'irrigation demande une subvention supérieure à 15.000 francs, si les ingénieurs évaluent à un chiffre supérieur les travaux à effectuer, il faut toujours consulter le ministre de l'Agriculture.

En fait, le programme des travaux est arrêté au début de

ressusciterait sa fertilité première en partie épuisée. Pour réaliser ce magnifique programme, que faut-il ? Uniquement un meilleur aménagement des eaux ; pour le réaliser, de l'argent. Malheureusement, lorsque le gouverneur général a demandé les fonds, on a fait la sourde oreille ; lorsqu'il a sollicité des crédits pour créer des r'dirs, on ne l'a pas écouté, et le magnifique projet qu'il a conçu dort dans les cartons. C'est qu'en effet, ces r'dirs doivent profiter d'abord aux indigents ; et, pour eux, l'État, les départements, les communes ne sauraient faire des largesses. Sur les Hauts-Plateaux, il n'y a pas d'électeurs ! Probablement, il n'y en aura jamais. Les bureaux du ministère s'intéressent médiocrement à des travaux qui n'ont aucune ressemblance avec ceux de la métropole ; ils n'en comprennent pas la portée économique et sociale, faute d'être suffisamment initiés aux choses d'Algérie. Le gouverneur, dépouillé par les rattachements du droit de décision, est condamné à une déplorable inaction. Funeste régime que celui qui permet de telles choses !

chaque année, dès que les ressources budgétaires sont connues. Le gouverneur donne son avis et envoie les dossiers au ministère. Plusieurs mois s'écoulent, sans que les bureaux d'Alger entendent parler de rien. En octobre, le gouverneur se voit obligé d'écrire à Paris pour demander quelles décisions ont été prises. Le ministre ne répond pas. En novembre le gouverneur écrit de nouveau et, comme il y a urgence à utiliser les crédits, pour qu'ils ne tombent pas en annulation on se hâte d'approuver, à la légère, non pas les projets les plus utiles, mais ceux qui pourront être exécutés avant la fin de l'exercice. C'est un véritable galvaudage des crédits, une mauvaise utilisation de la dépense ! Ces faits se reproduisent invariablement chaque année.

Si le gouverneur avait des pouvoirs propres, il pourrait, dès le mois d'avril, régler le programme des travaux et faire une œuvre à la fois utile et féconde.

Au ministère du Commerce, l'Administration des postes et Télégraphes est, elle aussi, fort jalouse de son autonomie et de ses attributions. Le gouverneur est sans pouvoir pour l'ouverture des bureaux de poste et de télégraphe ; les programmes de travaux sont établis en dehors de lui ; il n'a sur le personnel aucune autorité. Rationnellement, il en devrait être autrement. Dans notre organisation économique et sociale, le télégraphe et la poste sont de merveilleux instruments de domination. En Algérie, ils sont quelques chose de plus : des outils de colonisation, des instruments de la vie publique.

Quels sont les colons qui consentiront à s'installer au loin, à l'intérieur, dans un centre nouvellement créé, si, en même temps qu'on les invite à s'y établir, on ne leur donne pas le moyen de rester en communication avec le monde civilisé ? L'isolement, la solitude effrayent beaucoup d'esprits. Il faut que le gouverneur, compétent pour créer des centres, ait en même temps la faculté de dire que les bureaux de poste à créer seront établis ici ou là, de préférence.

En ce qui touche les ouvertures de bureaux le gouverneur ne peut faire, aujourd'hui, que des propositions. Il fut même un temps où à ses propositions on ne daignait pas répondre. Les choses vont mieux ; mais l'Algérie, en fait de créations nouvelles, est traitée comme les départements de France. On oublie qu'elle représente une superficie incomparablement plus vaste !

Le gouverneur n'a aucun pouvoir sur le personnel des postes et télégraphes, et, s'il a une enquête à faire sur un agent qui a donné lieu à des plaintes, il est obligé de passer par l'administration centrale.

Un pareil état de choses ne saurait subsister ! Il est nécessaire de donner au gouverneur général à la fois une plus large intervention dans les citations du bureau et une plus grande autorité sur le personnel.

Dans une quatrième catégorie, nous avons placé les ministères pour lesquels les conflits avec le gouvernement général portent uniquement sur des questions de personnel. Ce sont la Justice et l'Instruction publique.

Dans l'état de choses actuel, la magistrature constitue un pouvoir absolument indépendant du gouverneur général. Cela est, assurément, conforme au principe de la séparation des pouvoirs. Mais, en Algérie, cette solution ne va pas sans soulever de très graves difficultés, sinon pour les magistrats des tribunaux ou des cours, du moins pour les magistrats inférieurs, les juges de paix, qui sont en contact permanent avec les indigènes. Les conflits entre les administrateurs de commune mixte, agents du pouvoir exécutif, dans les communes mixtes et les juges de paix, représentants du pouvoir judiciaire, sont devenus quotidiens en Algérie.

On sait quel est le rôle important que jouent dans ces immenses communes mixtes, aussi grandes qu'un arrondissement de France, ces administrateurs moitié civils, moitié militaires, qui sont à la fois maires et agents du gouverneur, assistés de commissions où siègent, les uns à côté des autres, les élus des centres européens et les adjoints indigènes des douars. Depuis quelques années le niveau du personnel, d'abord fort mal recruté, s'est considérablement amélioré ; et aujourd'hui, il compte nombre d'hommes distingués, connaissant la langue des indigènes, au courant de leurs usages, et jouissant parfois sur eux d'un légitime prestige. Installé au siège de la commune mixte, habitant parfois dans un bordj, sorte de forteresse d'aspect féodal, entouré d'un appareil quasi-militaire, revêtu de l'uniforme, portant l'épée, escorté de cavaliers en burnous, cet administrateur possède des attributions multiples : il surveille les indigènes qui ne peuvent sortir de leur commune sans sa permission ; il est responsable de la sécurité ; il surveille le recouvrement de l'impôt ; il organise les mesures de défense contre les fléaux naturels. Bref, il a la haute main sur une population indigène en moyenne de 20.000 âmes, et pouvant s'élever à 60 ou 70.000.

En face de cet administrateur se dresse un autre pouvoir : le juge de paix. Envoyé directement de France, il ignore tout du pays, et la langue et les usages et les lois. D'emblée pourtant, le voici chef de service ! Arrivé dans son ressort, il ne manque pas de trouver des gens auxquels l'administrateur n'a pas eu le don de plaire. S'il n'a pas un caractère parfait, s'il n'a pas des sentiments élevés, bien vite il est approché par des gens mal intentionnés. Ceux-ci lui persuadent aisément que l'administrateur mène mal les affaires, que lui, au contraire, il est le personnage important, et qu'il doit surveiller l'agent administratif. Le voilà chef de groupe, à la tête du *sof*, c'est-à-dire du clan opposé à celui de l'administrateur. La jalousie se glisse vite dans son âme, quand il voit, lui simple civil, passer à cheval l'administrateur entouré d'un brillant cortège de cavaliers. Les rapports se refroidissent, ils s'aigrissent ; on échange des correspondances aigre-douces, jusqu'au jour où la rupture éclate, où la guerre est déclarée. L'administrateur, dès lors, n'a plus dans le juge un auxiliaire, mais bien un ennemi, qui le contrecarre dans tous ses actes. On conçoit le déplorable effet que doivent produire sur l'esprit des indigènes de pareils conflits. Très habilement, ceux-ci savent tirer parti de ces dissentiments. Si l'administrateur est coupable, le gouverneur peut le déplacer ; mais, si c'est le juge, il n'a pas d'autre ressource que celle d'adresser au procureur général un rapport qui souvent restera platonique. Le procureur peut n'être pas disposé à sévir ; et s'il l'est, encore n'est-il pas, lui-même, maître absolu de la situation ; on lui envoie du personnel de France et la Chancellerie ne suit pas toujours ses observations. D'ailleurs, le magistrat dénoncé, s'il a des amis en France, s'il possède des influences s'empressera de les faire agir à la Chancellerie, et finalement il a chance d'obtenir gain de cause. On le laisse tranquille place Vendôme, en disant : choses d'Algérie.

Pour mettre un terme à de pareils conflits qui nuisent au prestige de la France, nous pensons, qu'il est nécessaire que le gouverneur général puisse, d'accord avec le procureur général, déplacer les juges de paix, et, sans porter atteinte à leur indépendance, leur assigner une sorte de résidence administrative. M. Jules Ferry allait plus loin ; il voulait que, pour toutes les nominations à faire dans la magistrature algérienne, un accord préalable s'établisse entre le gouverneur et le procureur général. Peut-être pourrait-on se contenter de la première mesure ; elle permettrait de remédier au mal.

Avec le ministère de l'Instruction publique, le gouvernement général en est, sinon au conflit aigu, du moins à l'état d'hostilité sourde. On sait sur quelle base est fait depuis 1848 le partage des attributions : au recteur, représentant de l'Université appartient l'enseignement des Européens ; au gouverneur, l'enseignement des indigènes pour lequel il a délégation du ministre. Mais, en ce qui concerne le fonctionnement du service, les deux enseignements sont aux mains du recteur et de ses agents. Si le recteur ne partage pas les vues du gouverneur en ce qui touche la direction pratique à donner à l'enseignement des indigènes, il est à craindre que cette divergence de vues gêne d'une façon fâcheuse la marche du service. Or, c'est précisément ce qui arrive. La préoccupation dominante des agents de l'Université paraît avoir été, jusqu'ici, à l'imitation de ce qui se passe en France, de développer principalement l'enseignement primaire ; leur pensée est de constituer en Algérie un enseignement indigène analogue à celui des Européens, de créer tout un état-major d'instituteurs primaires et de placer les fournées de moniteurs indigènes sortis chaque année de l'École normale de la Bouzaréah. Le gouvernement général, au contraire, croit que, si l'enseignement primaire pour les indigènes, est une chose excellente, il faut le développer avec modération, limiter les programmes à un enseignement pratique, dirigé dans le sens professionnel, au lieu de le calquer sur les programmes de France, enfin ne pas créer pour les communes des charges écrasantes. Avec infiniment de raison, il pense que, dans un pays musulman, de préférence nous devons faire porter notre effort sur l'enseignement supérieur afin d'attirer à nous et d'instruire dans les medersahs l'élite de la population indigène dont nous devons nous servir pour gouverner le pays. C'est ainsi que procèdent les Anglais aux Indes et en Égypte, les Autrichiens en Bosnie. Il y a là, on le voit, de profondes divergences de vues entre l'académie d'Alger et les bureaux du gouvernement général, et ces divergences sont, dans la pratique, d'autant plus fâcheuses que les pouvoirs des deux autorités sont plus mal définies. Il faudrait, dans une organisation nouvelle, les préciser avec soin.

V. — Projet de réorganisation du Gouvernement général.

Le régime actuel étant reconnu mauvais, il nous reste à examiner ce qu'il faut mettre à la place.

Inutile de dire que nous repoussons le système opposé qui consiste à couper les fils unissant la métropole à la colonie, et à constituer une sorte de demi-autonomie analogue à celle de certaines colonies anglaises. Un tel régime serait déplorable. La France a besoin de l'Algérie, comme celle-ci a besoin de la France. Nous avons fait pour elle, trop de sacrifices pour nous en désintéresser à ce point. D'ailleurs, l'extrême variété des éléments ethniques qui s'y rencontrent, rend nécessaire, plus qu'ailleurs, l'action directe de la métropole.

Mais si l'autonomie est dangereuse comme la centralisation, nous croyons que la vérité se trouve entre les deux; celle-ci réside, dans une solution moyenne que je définirai assez volontiers en disant que ce doit être une large décentralisation, laissant, d'une part, au pouvoir local une grande part d'initiative, une large liberté d'action, d'autre part, au pouvoir métropolitain un droit de haute surveillance et de contrôle. Formule abstraite! dira-t-on ! Il nous faut la préciser.

Nous ramenons à quatre les principes sur lesquels doit, à notre avis, être organisée l'administration algérienne : 1° unité de direction, par la subordination au gouverneur général de tous les services ; 2° localisation à Alger du pouvoir directeur ; 3° attribution au gouverneur, du moins pour les affaires courantes, de pouvoirs propres ; 4° attribution au gouverneur d'un certain droit dans la nomination d'avancement et la surveillance du personnel administratif, à quelque branche qu'il appartienne, Reprenons un à un chacun de ces points.

L'unité de direction est un principe de bonne administration, vrai partout, et dont il est inutile de justifier la nécessité. Mais en Algérie plus qu'ailleurs, il s'impose, tant à cause de la variété des éléments de race en présence que de l'opposition des intérêts (1).

En face de tels éléments, qui osera contester la nécessité absolue d'une direction unique, d'un gouverneur à pouvoirs forts, assez armé pour avoir une politique et plier, de force ou de gré, vers un objectif donné, tous les agents administratifs placés sous ses ordres, un gouverneur qui puisse avoir la vision nette des intérêts généraux et permanents de la colonie, dégagé des funestes influences électorales, qui ne soit ni gêné, ni contrarié par les influences contradictoires des bureaux de la métropole, enfin, obéi de tous ses subordonnés? Tous les patriotes sincères doivent, semble-t-il partager cette opinion.

Ces idées sont celles-là même que Jules Ferry, avait introduites dans le projet de décret qu'il fit approuver par le Sénat en 1893. Aujourd'hui, comme hier, ces conclusions sont vraies.

(1) N'oublions pas qu'en face de 300.000 Français d'Algérie se trouvent 250.000 européens de nationalités diverses, 4 millions d'indigènes et 50.000 israélites indigènes devenus citoyens français par le décret Crémieux. Autant de causes de difficultés pour l'action gouvernementale. Sur les 300.000 Français il y a peut être un tiers de naturalisés ou enfants de naturalisés. Peut-on faire sérieusement fonds sur les sentiments français de ces derniers ? Nous en doutons un peu. Ces naturalisés, qui ont quitté leur pays d'origine sans esprit de retour, sont installés en Algérie où ils ont leurs intérêts. Mais, en majorité, ils ne sont pas français : ils sont algériens. L'Algérie est leur pays d'adoption; mais la France, à laquelle le pays appartient, ne leur tient pas foncièrement à cœur. Ce sont plutôt des patriotes algériens. Le plus grand nombre n'a sollicité la naturalisation que par intérêt afin d'obtenir la jouissance des privilèges réservés aux citoyens français. Les pêcheurs et marins des côtes, d'origine italienne, sont particulièrement dans ce cas. Il ne faut pas perdre de vue, en outre, que les Italiens non naturalisés forment 30 p. 100 de la population étrangère européenne et les Espagnols 50 p. 100. Dans le département d'Oran, ceux-ci sont plus nombreux que les français d'origine ou par naturalisation.

Nous ne pensons pas, toutefois, qu'il suffise d'abroger les décrets de rattachement; car alors nous retomberions sous le Décret de 1876. Le gouverneur serait bien réinvesti du droit décision; mais, le contrôle restant aux divers ministères de Paris, il serait à craindre que les bureaux ne persistent dans les habitudes prises et, en somme, la situation ne serait pas modifiée. Nous ne voulons pas d'équivoque. Nous demandons un décret précis, qui mette nettement en lumière la situation nouvelle faite au gouverneur général, qui dise, clairement, que ce haut fonctionnaire est le représentant du gouvernement de la République dans toute l'étendue de l'Algérie; que tous les services civils sont centralisés dans ses mains; qu'il statue directement sous le contrôle du ministre compétent, et qu'enfin, il délègue une partie de ses attributions aux préfets et aux généraux. Nous voudrions que le gouverneur apparaisse comme le dépositaire de tous les pouvoirs.

Jules Ferry avait proposé la création au ministère de l'intérieur d'une sorte d'office de l'Algérie. Le Sénat et sa Commission ont préféré que le gouverneur reste en contact direct avec chaque ministre. C'est aussi notre avis. L'office algérien ne peut réunir toutes les connaissances et il serait forcément obligé de transmettre les dossiers techniques au ministère compétent. Mieux vaut ne pas créer ce rouage inutile, et laisser le gouverneur communiquer directement avec chaque ministre.

Le pouvoir exécutif doit être localisé à Alger, c'est notre second principe. Cela est nécessaire si l'on veut agir vite et avec compétence. On évitera ainsi le voyage des dossiers d'Alger à Paris et de Paris à Alger, on coupera court à ces transmissions interminables qui entraînent des retards fâcheux dans la solution des affaires les plus urgentes (1).

. (1) En faveur de cette solution, on peut invoquer l'exemple des Anglais aux Indes. Nos voisins se sont bien gardés de faire partir de Londres l'impulsion gouvernementale. L'Inde n'est pas soumise aux lois anglaises. Cet immense pays a ses lois particulières élaborées par un Conseil législatif local composé du gouverneur, de ses conseillers, et de membres choisis parmi les colons et les indigènes; la Métropole ne s'est réservé qu'un droit de veto. Pris dans la haute aristocratie anglaise, nommé pour cinq ans, le gouverneur a les plus larges pouvoirs qu'on puisse imaginer. Il partage en fait l'exécutif avec son conseil; mais *nul autre que lui n'est responsable* vis-à-vis du gouvernement de Londres. La Métropole contrôle et surveille; le vice-roi agit sous sa propre responsabilité. Que n'imitons-nous, en tenant compte des différences de situation, l'exemple des Anglais ?

La nouvelle organisation doit conférer au gouverneur le droit de décision dans les affaires courantes; celui-ci doit agir en vertu d'attributions propres, précises, nettes, parfaitement définies, ne donnant lieu à aucune interprétation, ni équivoque. Aujourd'hui le droit de décision appartient aux ministres, en général, au gouverneur exceptionnellement. Il faut renverser la règle et dire : le gouverneur général statuera en principe, sauf dans les cas, où, eu égard à l'importance ou à la nature de l'affaire, le droit de décision sera dévolu aux ministres eux-mêmes. Puisque tout le monde accepte le principe de la responsabilité du gouverneur, il est juste de lui conférer l'autorité, sans laquelle sa responsabilité ne saurait être équitablement mise en jeu. C'est la justice même. Il va sans dire que nous n'entendons, en aucune façon, faire du gouverneur une sorte de pacha, un vice- roi au petit pied. Nous voudrions qu'il restât sous le contrôle du gouvernement métropolitain, devant lequel le recours hiérarchique resterait toujours ouvert, suivant les règles ordinaires du droit administratif.

Nous voyons un très grand avantage à ce que le gouverneur reste sous le contrôle de chacun des ministres, et non pas d'un seul, comme on l'a proposé bien souvent. Nous ne pouvons, en effet, échapper à ce dilemme : ou le ministère unique auquel on rattacherait le gouvernement général de l'Algérie, ne serait qu'une boîte aux lettres, et, par suite, il serait inutile; ou il fonctionnerait effectivement, et alors il deviendrait une source de difficultés pour les autres ministères. Dans les deux cas, la solution serait mauvaise.

Voici comment nous entendons que fussent réglées les attributions du gouverneur général. Tout d'abord, il conviendrait de respecter les rattachements qui remontent à 1848 : les Cultes chrétiens, l'Enseignement des européens, et la Justice, pour lesquels il y a une sorte de prescription acquise. Cependant, en ce qui touche la Justice, il serait bon d'obliger le procureur général à rendre compte au gouverneur en même temps qu'au garde des sceaux de tout ce qui intéresse le fonctionnement des services judiciaires, notamment la justice criminelle et correctionnelle, et de permettre au gouverneur de présenter au garde des sceaux les observations qu'il juge utiles. L'indépendance de la magistrature n'en serait pas atteinte, et le gouverneur, responsable de la politique algérienne, ne serait pas tenu dans l'ignorance de choses qu'il doit savoir.

Pour la Guerre et la Marine, les ministres compétents doivent conserver leur autorité. Mais il importe de préciser les droits du gouverneur à leur égard, droits aujourd'hui insuffisamment déterminés. Jules Ferry proposait de donner au gouverneur un droit de réquisition. Peut-être pourrait-on se borner à dire que le gouverneur arrête de concert avec le général commandant le 19e corps et le contre-amiral commandant la marine, les mesures que nécessite la sûreté intérieure et extérieure de l'Algérie, et qu'en cas de désaccord, il en sera référé par le gouverneur au président du Conseil des ministres.

En ce qui touche l'approbation des travaux en Algérie, les pouvoirs du gouverneur varient suivant les services. Pour les postes, pour les forêts, son pouvoir est nul ; en matière d'hydraulique agricole, il peut approuver les projets jusqu'à 15.000 fr. ; en matière de travaux publics, son pouvoir va jusqu'à 100.000 fr. On pourrait prendre ce chiffre et l'appliquer d'une façon uniforme en disant que *seuls* les projets de travaux publics, les travaux de l'hydraulique agricole et ceux relatifs à l'administration des postes et télégraphes, qui engagent une dépense de plus de 100.000 francs, seront soumis à l'approbation du ministre avec l'avis du gouverneur.

Enfin, en ce qui concerne les Régies financières, les Douanes, les Postes et Télégraphes, tout en laissant les chefs de service exercer les attributions qu'ils ont dans la métropole et communiquer avec Paris dans les mêmes formes que leurs collègues de France, il serait excellent de les obliger, toutes les fois qu'il s'agit de difficultés touchant à des points de législation spéciale, toutes les fois qu'il s'agit de remises ou de restitutions d'amendes et de droits en sus, de faire passer les dossiers de ces affaires par les bureaux du gouverneur général et de provoquer son avis.

Dans ces propositions, il n'y a rien qui puisse effrayer ceux qui craignent de voir le gouverneur général devenir un trop gros personnage. On lui donnerait tout juste la somme d'attributions qui lui est indispensable pour gouverner véritablement.

Si l'on veut que le gouverneur soit bien servi dans l'exécution de sa politique, il convient de lui reconnaître certains droits sur le personnel placé sous ses ordres. Il faut qu'il puisse ramener dans l'ordre ceux de ses collaborateurs qui seraient tentés de s'en écarter. Un chef ne peut être obéi, s'il ne peut rien sur les agents d'exécution, chargés d'appliquer sa pensée.

VI. — LE CONSEIL SUPÉRIEUR.

Notre étude serait incomplète si nous ne parlions de la réorganisation du Conseil supérieur de l'Algérie qui devrait être effectuée en même temps qu'on établirait sur des bases nouvelles les pouvoirs du gouverneur général.

On sait comment est composée cette assemblée et quelles sont ses attributions. C'est un corps purement consultatif, un simple donneur d'avis, dont on entend les conseils, sans être tenu de les suivre.

Il comprend : 1° les membres du Conseil de gouvernement ; 2° les trois préfets des départements algériens et les trois généraux commandants les territoires militaires ; 3° les six délégués élus par les conseils généraux d'Alger, de Constantine et d'Oran. On voit de suite le vice d'une pareille organisation : l'élément fonctionnaire y est prédominant et, par contre, l'élément colon et l'élément indigène en sont absolument exclus. Une telle organisation est inadmissible. Dans l'Inde, les Anglais ont fait il y a quelques années sous la vice-royauté de Lord Dufferin, une place à ces deux éléments dans leur Conseil législatif. La situation actuelle ne saurait durer chez nous.

Mais comment convient-il de réorganiser le conseil supérieur?

Nous sommes en présence d'une conception chère à certains esprits en Algérie, celle de l'élection par le suffrage universel direct avec l'exclusion de tous les fonctionnaires. Cette thèse était formulée publiquement, lors des élections du 20 avril 1893, par un candidat à la députation, M. le lieutenant-colonel Corps, conseiller général d'Ain-Beïda. Il disait : « L'autorité concentrée « entre les mains d'un gouverneur général sous le contrôle du « Parlement et du gouvernement doit être tempérée par un « Conseil supérieur élu par le suffrage universel direct et qui « aura pour attribution principale le vote du budget général de

« la colonie sous la réserve de l'approbation des Chambres. Il
« aura à seconder le gouvernement général dans sa difficile
« mission et à donner son avis sur tous les projets de lois et dé-
« crets concernant la colonie. » L'idée, on le voit, est lancée
puisqu'elle figure sur le programme des candidats, puisqu'elle
est adoptée par le parti qui, en Algérie, s'intitule radical-socia-
liste, par une singulière exagération de langage (les partis
n'existant pas, à vrai dire, dans le pays et tout se ramenant à
des questions de personnes.) Que vaut donc cette idée ?

Nous n'hésitons pas, quant à nous, à la repousser et voici nos
motifs.

Donner à l'Algérie une assemblée élue, ce serait l'acheminer
vers l'autonomie. Une assemblée qui tirerait ses pouvoirs de
l'élection ne se contenterait pas d'émettre des avis ; un rôle purement consultatif ne suffirait pas à son ambition ; elle voudrait
conquérir la disposition de son budget, avoir ses ressources
propres. Qu'on le veuille ou non, elle aspirerait à faire de la
colonie un être moral distinct, ayant sa vie propre. L'Algérie
n'existe pas en tant qu'organisme politique ; c'est une pure
expression géographique. Avec un Conseil élu, on serait amené
à toucher la constitution politique du pays.

Dans cette hypothèse on serait obligé de supprimer la représentation algérienne au Parlement français ; députés et sénateurs deviendraient un rouage parfaitement inutile, les populations pouvant faire entendre leurs vœux ailleurs. Il y a une
antinomie formelle entre un conseil colonial élu et la représentation au Parlement métropolitain. Les colonies anglaises nous
le prouvent ; aucune n'a de représentant au Parlement de Londres. Les sénateurs et députés de l'Algérie l'ont si bien compris
que, lorsque Chanzy leur offrit l'entrée du Conseil supérieur, ils
refusèrent catégoriquement.

Il y a enfin une troisième raison qui nous fait repousser la
conception du colonel Corps : le danger politique qu'il y aurait à
augmenter un esprit local et particulariste déjà singulièrement
développé. Certes, je ne mets pas en doute le loyalisme des patriotes algériens ; je ne veux voir dans l'immense majorité que
de bons Français. Mais il n'empêche qu'il existe là-bas un état
d'âme particulier qu'il faut surveiller de près, l'algérianisme.
On est algérien d'abord, français ensuite. Évitons de donner de

nouveaux motifs à une séparation de corps et d'esprit qui, à un
moment donné, pourrait devenir dangereuse.

La solution que nous préconisons consisterait à conserver au
Conseil supérieur son rôle consultatif et sa composition générale, mais à modifier l'importance relative des éléments qui s'y
rencontrent. L'élément fonctionnaire y est aujourd'hui domi-
nant; il compte 20 membres contre 18 élus. Ne pourrait-on pas
renverser ces proportions et établir les choses de façon qu'il y
ait majorité d'élus? Réalisons cette majorité en introduisant les
éléments jusqu'ici tenus à l'écart.

Dans une colonie, les intérêts économiques commerciaux et
agricoles sont prédominants. Faisons leur une place au Conseil
supérieur en ajoutant aux membres actuels deux membres élus
dans chaque département, l'un par les bureaux des chambres de
commerce, l'autre par les bureaux des sociétés d'agriculture et
des comices agricoles, soit 6 membres nouveaux.

Les indigènes ne sont pas représentés en dehors des conseils
municipaux et des conseils généraux. Cette omission est fâcheuse.
Autant il est absurde de faire représenter les indigènes au Parlement français comme nous le faisons pour nos sujets de l'Inde
et du Sénégal, peuples bien inférieurs pourtant en civilisation
aux Arabes, autant il est excellent de faire entendre leur voix
dans une assemblée d'affaires. Pourquoi ne pas décider que,
dans chaque département, le conseil général nommera deux délégués pris parmi les asesseurs musulmans, soit 6 membres de
plus? Il n'est pas douteux que les indigènes nous seront recon-
naissants de ce témoignage de sympathie, qui rachètera un peu
à leurs yeux la faute du décret Crémieux.

De cette façon, l'élément fonctionnaire n'aura plus la majorité
au Conseil supérieur et nous aurons donné à cette assemblée une
composition, à tous égards plus satisfaisante que celle d'aujour-
d'hui.

Telles sont les assises sur lesquels nous voudrions voir s'or-
ganiser le gouvernement général de l'Algérie, telle est l'architec-
ture générale que nous souhaitons voir adoptée. Le régime actuel
ne saurait être prolongé plus longtemps sans mettre en péril
l'existence même de cette magnifique colonie pour laquelle la
France a dépensé tant d'argent, et prodigué si libéralement le

sang de ses enfants. L'Algérie actuelle est un corps disloqué, dont les membres s'agitent en des sens divers, faute d'une tête organisée pour la conduire. Donnons lui le cerveau sans lequel les merveilleuses aptitudes dont ses membres sont doués, resteraient paralysées. L'heure n'est plus aux discours ; elle est aux résolutions viriles. Portons courageusement la hache dans cet édifice vermoulu, sans craindre les crialleries des intérêts particuliers qui pourront être froissés. Que le Parlement dise hautement ce qu'il veut et le gouvernement suivra. Il y va de l'intérêt supérieur de l'Algérie, il y va de son honneur ! Nous serons heureux, pour notre part, si, en poussant le cri d'alarme, nous avons pu contribuer à ce résultat.

Revue
Politique et Parlementaire

Questions Politiques, Sociales et Législatives

Directeur : Marcel FOURNIER

Abonnement : Un an, **25 fr.** — Étranger et Union Postale, **30 fr.**

La **Revue Politique et Parlementaire**

paraît le 5 de chaque mois par fascicules de 200 à 240 pages in-8°

ARMAND COLIN & Cie, éditeurs.

5, rue de Mézières, 5

Sommaire du n° 24

Paris. — Typ. A. DAVY, 52, rue Madame. — Téléphone.

www.ingramcontent.com/pod-product-compliance
Lightning Source LLC
Chambersburg PA
CBHW061352050726
47595CB00005B/2213